BARBARA FERRIER

WEB MARKETING TURISTICO

Come Acquisire Migliaia di Clienti per la Tua Struttura con il Web

Titolo

"WEB MARKETING TURISTICO"

Autore

Barbara Ferrier

Editore

Bruno Editore

Sito internet

http://www.brunoeditore.it

Sommario

Introduzione

Il mondo del turismo si è ormai spostato sul web. Il processo d'acquisto ora avviene per la maggior parte online.

Google nel 2011 ha introdotto una nuova parola nella terminologia del marketing: ZMOT, acronimo di Zero Moment of Truth, il momento zero della verità; corrisponde al momento in cui il navigatore online prende una decisione d'acquisto.

La prima fase del processo d'acquisto prevede una ricerca di informazioni legata alla scelta della località in cui trascorrere le vacanze. Poi si passa alla scelta della struttura in cui pernottare, si effettua la prenotazione e si cercano ulteriori informazioni su ristoranti, eventi e sagre.

Il cliente non cerca solo dati di fatto come attrazioni da visitare e chilometri da percorrere. Cerca anche emozioni, quindi si sofferma a consultare le recensioni e i commenti di chi racconta esperienze già vissute.

Durante il soggiorno, il viaggiatore descrive con testi e immagini la sua avventura e la condivide sui social network. Ricerca nuove informazioni sulle cose da fare e vedere, utilizzando il suo tablet e il suo cellulare.

Infine, di ritorno a casa, il viaggiatore commenta la sua esperienza utilizzando spesso grandi raccoglitori di recensioni come Tripadvisor e innescando l'ultima fase del processo del passaparola.

Una recente ricerca condotta da CMB Consumer Pulse negli Stati Uniti quantifica il fenomeno degli acquisti online legati al turismo:

- il 68% degli intervistati ha cercato informazioni e/o prenotato online;
- il 36% dichiara di essere stato influenzato dalle recensioni che ha letto;
- il 49% ha consultato siti di Tour Operator online come Expedia;

- il 31% ha visualizzato una mappa per capire dove si trovava la struttura;
- il 60% dei viaggiatori ha utilizzato almeno una volta il cellulare per cercare informazioni online.

Alberghi, agriturismi, agenzie di viaggio e in generale le attività legate al turismo devono sapere gestire la loro visibilità, la loro reputazione e i loro contatti per essere al passo con i tempi e riuscire a proporre, diversificare e commercializzare il loro prodotto.

CAPITOLO 1:
Come costruire il sito web

Il sito web è il nuovo biglietto da visita della struttura turistica. Se tu sei il proprietario o il gestore dell'attività, probabilmente non sarai tu a creare il sito. Però devi sapere esattamente cosa vuoi e come lo vuoi, perché il tecnico conosce lo strumento, ma sei tu che conosci l'argomento e i clienti a cui vuoi arrivare.

Quando il visitatore arriva per la prima volta su di un sito, impiega meno di 10 secondi per decidere se guardarlo oppure abbandonarlo. Quindi abbiamo meno di 10 secondi per catturare e trattenere la sua attenzione.

Abbandoniamo le pagine di introduzione, dove bisogna scegliere la lingua oppure cliccare sulla frase ENTRA o SKIP INTRO. Per il visitatore è solo tempo perso, un click di più, una ragione per cercare altrove siti più immediati e sorridenti.

La grafica deve essere accattivante ma non deve compromettere la leggibilità e la navigabilità del sito. Ci sono siti bellissimi da guardare, ma difficili da navigare, che impiegano molti secondi per caricare le immagini o nascondono il menù in punti discreti ma introvabili; quei siti non sono funzionali e non raggiungono il risultato di trattenere il nostro volubile navigatore.

Le immagini sono importanti. Devono essere foto fatte bene, con una buona luce, con gli ambienti ordinati, non scatti frettolosi presi con il cellulare del cugino. E devono trasmettere una sensazione, un'emozione, un desiderio, una storia.

Possono raffigurare un bel panorama. Oppure un angolo suggestivo dell'ambiente, con una persona che ne sta usufruendo: sta leggendo davanti al caminetto, prendendo il sole sul balcone fronte mare, scegliendo la colazione davanti ad un buffet ricco e invitante.

Vanno bene anche le immagini più tecniche, ma non sulla homepage: quando il visitatore cercherà il dettaglio della camera, potrà anche vedere la foto del bagno, non prima.

SEGRETO n. 1: colpiamo l'attenzione del potenziale cliente con immagini che raccontino l'esperienza che potrebbe vivere se venisse da noi.

I titoli e i testi sono un altro ingrediente importante del sito. I titoli devono essere brevi, di impatto e messi in evidenza. I visitatori del sito devono potersi rendere conto a colpo d'occhio dei contenuti, poi sceglieranno se leggerli oppure no.

Anche i testi devono essere chiari e brevi. Le parole più importanti vanno messe in grassetto e ogni 4-5 righe, per separare i paragrafi, è utile inserire una riga vuota per facilitare la lettura su video.

I testi devono raccontare quello che potrebbe interessare al visitatore. Cosa cerca il turista? Perché dovrebbe scegliere di venire da me? Cerchiamo di capire le sue esigenze e diamogli una risposta.

La classica storia di famiglia, spesso riportata nella sezione Chi Siamo, serve solo quando c'è qualcosa da dire, quando comunica valore. Una lunga e noiosa descrizione tipo libro di geografia dalle superiori verrà immediatamente abbandonata.

Se ci sono alcune parole che ci definiscono in modo particolare, dovrebbero essere contenute anche nei titoli e nei testi. Questo è solo uno dei molti accorgimenti che possono facilitare ai motori di ricerca il compito di indicizzare il sito, premiandolo poi nella classifica della visibilità online.

SEGRETO n. 2: cerchiamo di capire cosa potrebbe interessare al visitatore del sito e offriamoglielo con testi brevi, chiari e precisi.

Spostarsi all'interno del sito deve essere facile e immediato per garantire una buona navigabilità e fruibilità del sito.

Per prima cosa dobbiamo decidere la struttura delle pagine all'interno del sito, ricordandoci sempre di metterci nei panni del nostro potenziale cliente e di porre in evidenza le informazioni che potrebbero interessargli: il numero di telefono, l'indirizzo email, gli orari e i giorni di apertura, una mappa che indica dove si trova la struttura e le istruzioni per raggiungerla.

Nel caso delle attività turistiche il numero di telefono deve essere molto visibile e possibilmente riportato su tutte le pagine.

Il visitatore deve potersi spostare agevolmente utilizzando il minor numero possibile di click. Quindi non vanno bene le sottopagine delle sottopagine: linearità e pochi click garantiscono maggiori risultati.

Se vogliamo che il visitatore del sito compia un'azione, dobbiamo dirglielo: acquista ora, iscriviti alla newsletter, diventa nostro fan su Facebook, prenota subito. Meglio ancora se il nostro invito, detto CALL TO ACTION, è racchiuso dentro un bel pulsante colorato da cliccare subito per eseguire l'azione.

SEGRETO n. 3: diciamo chiaramente al visitatore del sito quello che deve fare e mettiamo in evidenza il nostro invito all'azione.

Le ricerche online si svolgono sempre più con cellulari e

smartphone al posto del classico PC da postazione fissa. Il settore turistico, che tende a precedere gli altri per quanto riguarda le nuove tendenze sul web, è il primo ad essere interessato da questo cambiamento nelle abitudini di ricerca.

Il sito web accessibile anche da cellulare può essere di due tipi.

Un sito ottimizzato per mobile è navigabile anche dagli utenti che accedono con cellulare o smartphone: generalmente, i vari elementi che compongono la pagina (come banner, immagini, blocchi di testo) sono RESPONSIVE, cioè adattano le loro dimensioni alla grandezza dello schermo con cui l'utente sta visualizzando il sito. È possibile anche far scomparire alcuni elementi che nello spazio ridotto di uno schermo cellulare risultino più d'intralcio che d'aiuto.

Bisogna fare dei controlli e verificare che la navigabilità sia sempre ottimale. I link non devono essere testuali, perché potrebbe risultare difficile cliccarli sul piccolo schermo di un cellulare; meglio posizionarli sulle immagini o su tasti più grandi.

Esistono poi i veri e propri siti MOBILE: pensati proprio per i cellulari, non adattamento a essi, di solito mettono in alto, in colonna, i pulsanti del menù o addirittura le call to action.

Il sito MOBILE FRIENDLY non è una componente da sottovalutare: se il tuo sito non è fruibile da cellulare, rischi di perdere dal 30 al 50% delle visite.

SEGRETO n. 4: il sito deve essere pratico e navigabile anche per chi accede con cellulare e smartphone per non rischiare di perdere quote importanti di visitatori.

È importante che il sito internet trasmetta sempre la sensazione di essere nuovo e aggiornato. Questo è uno dei motivi per cui consiglio di integrarlo con una pagina dedicata alle novità, strutturata sotto forma di blog e corredata di immagini.

Le notizie del blog possono caricare di valore aggiunto la struttura turistica e integrare diversi temi: raccontare una storia, essere di servizio al cliente, promuovere un'offerta.

Lo STORYTELLING, raccontare una storia, fa presa sull'emotività e cerca di coinvolgere il lettore, di trasmettere un'emozione, di creare l'aspirazione a fare un'esperienza. Viene utilizzato molto in pubblicità dalle grandi aziende, come per esempio quelle di telefonia, che inscenano piccole storie raccontate con spot successivi.

Anche il nostro blog può raccontare delle storie coinvolgenti: non si tratta tanto della scelta degli argomenti, quanto dello stile utilizzato per narrarli.

Ecco alcuni esempi:
- la cuoca che cucina una ricetta della nonna;
- i preparativi per l'apertura della piscina estiva;
- la partecipazione a una fiera, raccontando con ironia come ci si prepara e quello che si fa;
- gli aneddoti dei clienti, ovviamente con autorizzazione degli stessi per parlarne.

Un altro argomento potenziale per il blog è la descrizione delle attività e delle visite che il potenziale cliente può fare se decide di soggiornare nella zona. Si prestano particolarmente tutti quegli argomenti che sono di patrimonio comune del residente, ma di difficile accesso per il turista:

- informazioni culturali; non tanto il famosissimo affresco della basilica in centro, quanto la mostra temporanea che sarà aperta solo per un mese;
- informazioni su percorsi naturalistici, passeggiate, noleggio biciclette e scooter, piste ciclabili;
- informazioni pratiche sui servizi, tipo il costo e gli orari dei battelli;
- attività che si possono praticare: sport, corsi di cucina, iniziative particolari, outlet grandi firma, terme situate nei dintorni;
- iniziative dedicate ai bambini.

Riuscire a offrire una panoramica delle attività può spingere il potenziale cliente a scegliere di fermarsi per più giorni rispetto a quelli originariamente previsti. Il termine tecnico è UP-SELLING: l'aumento del valore medio della vendita in termini economici.

Stipulare delle convenzioni con altre attività della zona, con reciproci vantaggi, rientra nel campo del CROSS-SELLING: non vendo solo un prodotto, ma anche quello correlato, con conseguente aumento del fatturato complessivo.

L'ultimo grande argomento del blog è il lancio delle offerte speciali, che vanno modulate a seconda delle esigenze:

- sconti Last Minute per prenotazioni all'ultimo momento;
- sconti Early Booking per prenotazioni in anticipo;
- comunicazione di grandi eventi che si tengono in zona, tipo la Festa della Cioccolata a Perugia;
- lancio di eventi che si tengono nella struttura, tipo la Notte della Patata Bollita, la Festa della Suocera o qualunque altra idea.

Queste iniziative servono a modulare l'offerta sulla base delle necessità della struttura. Si potranno effettuare sconti in periodi con poca affluenza per aumentare il numero clienti; le prenotazioni anticipate, con versamento di caparra, servono a creare flussi di cassa prima dell'arrivo dell'alta stagione; i grandi eventi organizzati in zona attirano l'attenzione e la struttura ricettiva ne può beneficiare di riflesso; gli eventi in loco possono creare richiamo, soprattutto se si indirizzano a un target ben preciso.

I titoli del blog devono essere particolarmente accurati. Per un anno ho pubblicato un post a settimana su due siti che promuovevano ville di lusso per clienti internazionali e ho potuto notare, dati alla mano, quali titoli attiravano maggiori visite:

- quelli che fornivano una classifica, per esempio: I 5 migliori ristoranti della zona;
- quelli che fornivano indicazioni pratiche, per esempio: Come prendere il traghetto per Venezia.

Un blog sempre aggiornato ispirerà fiducia al potenziale cliente, che sta cercando informazioni e qui ne trova in abbondanza. Cerca un'esperienza e noi gliela proponiamo con lo storytelling. Cerca il servizio e noi gli facciamo vedere che siamo in grado di supportarlo anche con gli orari dell'autobus. Cerca l'offerta e noi ce l'abbiamo, pensata su misura.

Attenzione però perché un blog che non viene aggiornato ottiene l'effetto contrario: comunica trasandatezza e scoraggia il visitatore, quindi se non c'è nello staff una persona che se ne possa occupare, allora è meglio lasciar perdere. La cadenza ideale di pubblicazione è almeno una volta alla settimana.

SEGRETO n. 5: La sezione notizie / blog serve a creare valore aggiunto; comunicare freschezza, dinamismo, efficienza; raccontare una storia e suggerire le attività che possono arricchire il soggiorno.

RIEPILOGO DEL CAPITOLO 1:

- SEGRETO n. 1: colpiamo l'attenzione del potenziale cliente con immagini che raccontino l'esperienza che potrebbe vivere se venisse da noi.
- SEGRETO n. 2: cerchiamo di capire cosa potrebbe interessare al visitatore del sito e offriamoglielo con testi brevi, chiari e precisi.
- SEGRETO n. 3: diciamo chiaramente al visitatore del sito quello che deve fare e mettiamo in evidenza il nostro invito all'azione.
- SEGRETO n. 4: il sito deve essere pratico e navigabile anche per chi accede con cellulare e smartphone per non rischiare di perdere quote importanti di visitatori.
- SEGRETO n. 5: la sezione notizie / blog serve a creare valore aggiunto; comunicare freschezza, dinamismo, efficienza; raccontare una storia e suggerire le attività che possono arricchire il soggiorno.

CAPITOLO 2:

Come utilizzare i social network

Abbiamo visto come il sito web sia la base della visibilità online. Con i social network possiamo creare una comunicazione integrata che vada a supportare e integrare il sito istituzionale.

Innanzi tutto, i social network non sono obbligatori e qualche volta nemmeno necessari. Il fatto che siano gratuiti non significa che debbano necessariamente essere utili. Bisogna valutare caso per caso il contenuto e la finalità della comunicazione per selezionare il canale migliore.

Quando poi si deciderà di partire, l'attività di aggiornamento dei social network andrà seguita con pazienza e costanza, perché i risultati arrivano sul lungo periodo e solo se c'è grande impegno.

Se pensi che stare su Facebook significhi perdere tempo, lascia perdere. Non puoi far crescere una pagina efficace se non ci credi.

SEGRETO n. 1: per lavorare con i social network servono costanza, impegno e creatività; quindi è meglio non utilizzarli, piuttosto che usarli male o lasciarli vuoti.

Abbiamo visto che il futuro viaggiatore passa molto tempo sul web a raccogliere informazioni e pianificare il viaggio. Spesso viene influenzato dalle esperienze e dai racconti degli altri viaggiatori. Controlla le pagine Facebook, guarda i video e le immagini che escono su Google. E allora facciamoci trovare anche noi!

Facebook è il social network più diffuso. Fino a poco tempo fa serviva essenzialmente a creare reputazione online, mentre ultimamente sta affinando le potenzialità dei messaggi promozionali a pagamento.

Il primo passo è creare una Pagina aziendale, gestita dal proprio profilo personale. L'utente medio di Facebook è ormai evoluto e padrone del mezzo e non gradisce la promozione travestita, tipica delle attività che creano con il nome dell'azienda un profilo personale.

Inoltre la Pagina permette l'accesso a tutta una serie di strumenti di controllo, gli INSIGHTS, che ci consentono di capire come si comporta il nostro visitatore, cosa gradisce e cosa invece non gli interessa.

Gli Insights sono accessibili dalla propria Pagina aziendale tramite un pulsante che si trova in alto a sinistra.

Le informazioni disponibili sono molteplici:

- POST: puoi verificare l'efficacia di ogni singolo post pubblicato, con il dettaglio di quante persone lo hanno visualizzato sulla loro bacheca, quanti ci hanno cliccato sopra per aprirlo, quanti hanno condiviso i contenuti, quanti hanno cliccato Mi piace;
- puoi consultare le statistiche su quali giorni della settimana e quali orari sono i più trafficati per la tua Pagina;
- PERSONE: puoi vedere le statistiche relative ai fan della Pagina: età, genere (uomo / donna), località;
- VISITE: numero di volte in cui ogni sezione della pagina è stata visualizzata e provenienza del visitatore;
- MI PIACE: quanti nuovi Mi piace sono stati messi (o tolti)

alla Pagina.

Una volta creata la Pagina, dovremo popolarla di contenuti interessanti, pubblicando periodicamente dei POST. I post possono contenere immagini, testi, infografiche, video e link.

Nel corso del mio lavoro ho avuto modo di gestire parecchie pagine aziendali in settori molto diversi l'uno dall'altro (automobili, librerie, alberghi, discoteche, e-commerce di accessori, architetti, abbigliamento). Sperimentando le diverse modalità di pubblicazione e confrontando i risultati ho tratto delle conclusioni generali.

I post di solo testo sono generalmente poco efficaci. Meglio pubblicare un'immagine e corredarla con un testo a completamento e spiegazione. Nel testo, se opportuno, è consigliato inserire il link al proprio sito web, per portare traffico in entrata al sito.

Naturalmente ci deve essere correlazione tra post e LANDING PAGE, pagina di arrivo sul sito: se sto parlando di offerte, il link mi deve portare sulla pagina del blog che descrive la promozione, non sulla homepage o altrove.

Il link, quando è troppo lungo, rovina l'effetto grafico del testo. Allora possiamo accorciarlo grazie al sito https://bitly.com:

- bisogna copiare il link lungo della nostra pagina, che si trova nella barra dell'indirizzo in alto, selezionandolo e poi premendo contemporaneamente i tasti CTRL+C;
- poi dobbiamo entrare su Bitly e incollare il link nel riquadrino in alto a destra, dove c'è scritto: 'Paste a link to shorten it', premendo i tasti CTRL+V;
- cliccare sul tasto SHORTEN;
- copiare lo SHORT LINK che viene generato dal sito;
- incollarlo all'interno del nostro post.

Una immagine postata su Facebook potrebbe facilmente perdere nome e personalità passando di condivisione in condivisione. Per ovviare a questa anonimità, possiamo firmare la foto con un logo, uno slogan o l'indirizzo del sito internet. È sufficiente un qualunque programma di grafica, come Photoshop o Coreldraw.

In alternativa esiste un sito che funziona proprio come un programma grafico: www.canva.com. È gratuito e ci sono dei tutorial per imparare a usarlo, però è tutto in inglese.

Una immagine che contiene il testo al suo interno, inserito appunto tramite programmi grafici, si chiama INFOGRAFICA. È diventata estremamente popolare e ci sono agenzie che dedicano non poco tempo alla creazione di questi strumenti.

I video vengono spesso guardati e condivisi, anzi tendenzialmente Facebook li premia con una maggiore visibilità.

Infine si può copiare il link dell'ultimo post scritto sul blog, accorciarlo con Bitly e poi incollarlo nella finestrella stato di Facebook. Il programma mostrerà automaticamente un'anteprima della pagina di destinazione, con titolo e immagine.

SEGRETO n. 2: bisogna variare i post che vengono pubblicati su Facebook, utilizzando immagini, video, infografiche e link e monitorando quali funzionano meglio.

I contenuti delle Pagine possono essere programmati, cliccando sull'icona dell'orologino, in basso a sinistra rispetto allo spazio in cui si inseriscono i testi. Possiamo scegliere data e ora della pubblicazione e preparare settimane intere di programmazione.

Nella pianificazione della pubblicazione dei contenuti, consiglio di tenere presenti alcuni semplici accorgimenti:

- non pubblicare più post uno dopo l'altro in rapida sequenza. Nella bacheca di ogni utente c'è poco spazio e le notizie potrebbero 'cannibalizzarsi' l'una con l'altra;
- pubblicare minimo una volta alla settimana, meglio ancora 3-5 volte alla settimana;
- integrare le proprie pubblicazioni con le condivisioni di post interessanti e in tema, prodotti da altri soggetti ma con temi analoghi;
- pubblicare in diversi orari della giornata, controllare in quali orari si è più visibili (basta consultare la pagina Insights) e dare preferenza a questi ultimi.

Con l'incremento del numero di utenti e di pagine e l'introduzione dei post sponsorizzati, gli spazi di visibilità di ogni singolo post si sono ridotti sempre di più. Quindi, solo una piccola percentuale dei tuoi fan vedrà il tuo post sulla propria bacheca. Rimane sempre valido però il vantaggio di presentarsi con credibilità al potenziale cliente che cerca la tua pagina per capire meglio chi sei e cosa offri.

A livello di contenuti, Facebook andrebbe gestito con uno stile più informale e ironico rispetto agli argomenti più istituzionali che vengono utilizzati sul sito web.

Foto di piatti, dello staff con nome e cognome, dei clienti che si divertono e che commentano le foto in cui compaiono, sono solo alcune delle idee che possono essere utilizzate nella creazione dei contenuti.

Qui va bene anche la foto scattata al volo con il cellulare… meglio ancora, il SELFIE!

SEGRETO n. 3: lo stile della pagina Facebook deve essere informale e alla mano, ironico e leggero ed è consigliato dare del tu.

Twitter è un mezzo di comunicazione molto utilizzato, ma in Italia non è diffuso quanto Facebook. In compenso può essere utilizzato con soddisfazione da chi punta alla clientela di lingua inglese.

I post di Twitter possono essere al massimo di 140 caratteri – l'equivalente di un SMS. Di solito, proprio per la loro brevità, tendono a essere incisivi e anche ironici.

Il prefisso #, chiamato HASHTAG, si mette davanti a parole o frasi chiave e funziona come un motore di ricerca interno. Il prefisso @ si mette davanti al nickname di un altro profilo e serve a citare altri utenti nel testo.

YouTube, il social su cui si guardano e caricano i video, sta crescendo sempre più velocemente.

Tempo fa ho assistito a un seminario sul web marketing in cui spiegavano come gli utenti più giovani stiano cominciando a usare YouTube nelle loro ricerche, al posto dei classici motori di ricerca testuali come Google. Non è un caso che anche Google abbia aggiunto alle categorie in cui è possibile effettuare la ricerca, dopo web, maps e immagini, anche i video.

Per avere un canale YouTube bisogna prima crearsi un indirizzo email con Gmail.

Poi bisogna andare su www.youtube.com:

- cliccare in alto a destra sul tasto ACCEDI;
- inserire indirizzo Gmail e password;
- ora sei registrato su YouTube;
- in alto a sinistra c'è un tasto con 3 linee orizzontali;
- cliccandoci sopra si apre un menù a tendina;
- cliccare su IL MIO CANALE e poi su OK.

A questo punto hai l'anteprima di un canale YouTube tutto tuo che puoi personalizzare a piacimento:

- cliccando su 'Aggiungi la grafica del canale' per caricare l'immagine della testata;
- cliccando su 'Informazioni' per aggiungere tutti i dettagli della tua attività: descrizione, email, link al tuo sito o ad altri social network;

- per caricare un video, bisogna cliccare sul tasto 'Carica' in alto a destra e seguire le istruzioni.

Il video può essere uno strumento di comunicazione molto potente, lo storytelling per eccellenza. Brevi video tematici sono in grado di descrivere efficacemente la struttura e i servizi, presentare le persone che ci lavorano, intervistare i clienti, mostrare momenti di svago.

I video possono poi essere inseriti all'interno del blog e condivisi su Facebook e su Twitter per generare quella comunicazione integrata di cui abbiamo parlato all'inizio.

Per utilizzare i video sugli altri canali, bisogna entrare su YouTube sulla pagina del video che ci interessa. Sotto di esso, compare la scritta CONDIVIDI.

Cliccandoci sopra, appare un codice che può essere copiato e incollato su Facebook e Twitter. Cliccando su 'Codice da incorporare', compare un altro codice che può essere incollato all'interno del post sul blog. Attenzione perché potrebbe essere necessario accedere alla pagina in HTML; in questo caso, consiglio di verificare con il vostro tecnico la procedura di inserimento.

SEGRETO n. 4: YouTube può essere un potente canale di comunicazione, soprattutto se si utilizza la tecnica dello storytelling.

Pinterest e Instagram sono social che si basano sulle belle immagini. Vanno utilizzati solo quando siete sicuri di poter caricare belle foto con cadenza regolare. Aiutano ad avere link in ingresso al vostro sito web e a uscire sui risultati organici dei motori di ricerca nella sezione delle immagini. Iscriversi è sempre facile e immediato, basta andare sul sito e seguire le istruzioni.

Pinterest ha un target prevalentemente femminile ed è un canale preferenziale per moda, design e riviste. Consiste nel creare degli album fotografici, dove PINNARE – cioè caricare – le immagini, corredate di descrizioni e di link. Spesso viene utilizzato dalle aziende come vetrina.

Instagram sta crescendo velocemente e viene utilizzato per caricare foto da cellulare, apportare modifiche grafiche e condividerle con gli amici e con il mondo. C'è, come in Twitter, la possibilità di usare degli hashtag. È un canale più incentrato sugli utenti finali, che raccontano le loro esperienze quotidiane con le immagini.

Durante o dopo l'esperienza di viaggio, spesso il viaggiatore scrive commenti e recensioni a beneficio di altri utenti. Sono nati molti siti specializzati in recensioni, il più importante dei quali è www.tripadvisor.com.

La struttura turistica non può scegliere se essere o non essere presente su Tripadvisor: sono i viaggiatori a segnalarla e non è possibile ottenere la cancellazione se non chiudendo o vendendo l'attività.

L'unica cosa che l'albergo, l'agriturismo o il ristorante possono fare è scrivere a Tripadvisor per reclamare la titolarità della struttura e avere quindi la possibilità di rispondere alle recensioni dei clienti.

Per dimostrare di essere il gestore o il proprietario della struttura, innanzitutto devi entrare sul sito e tramite il campo Ricerca trovare il tuo albergo o ristorante. Scorrendo verso il fondo della pagina, incontrerai la scritta: 'Siete i proprietari'? Cliccandoci sopra si aprirà un percorso guidato dove dovrai dare un indirizzo email e scegliere una password.

Poi Tripadvisor ti chiederà di inviare della documentazione che attesti il tuo diritto a reclamare il profilo: una bolletta oppure un foglio di carta intestata da scansionare e caricare sul sito oppure inviare via email.

Nel giro di pochi giorni sarai abilitato a gestire la pagina della struttura. Potrai accedere alla tua area riservata con username e password, all'interno di essa selezionare ogni singola recensione ricevuta e scrivere una risposta. La risposta appare sul sito, visibile a tutti, e viene inviata in conoscenza via email al cliente che ha scritto la recensione.

Tripadvisor effettua dei controlli sulle risposte e se non approva i toni le cancella. Questo filtro sembra non esserci nei confronti dei clienti che lasciano commenti che talvolta sono sopra le righe.

È possibile chiedere a Tripadvisor di cancellare una recensione che riteniamo falsa, anche se la richiesta viene accolta raramente. Se un cliente ha effettivamente usufruito del servizio, anche se lascia commenti inesatti o si lamenta di mancanze mai avvenute, è quasi impossibile dimostrare che mente e far rimuovere la recensione; in questo caso, è meglio scrivere una risposta e provare a smentirlo con gentilezza.

Quando invece si tratta di una persona che non è mai venuta o di un concorrente che riusciamo a riconoscere, possiamo provare a inviare tutti i dettagli a Tripadvisor e chiedere la cancellazione del commento. Sotto ogni recensione, sulla destra, c'è un tasto che ci permette di effettuare la segnalazione.

Il problema nasce perché la persona che effettua la recensione ha la possibilità di rimanere anonima. Questo fatto ha sollevato diversi quesiti sulla legittimità e veridicità dei commenti.

Io non sono in grado di dare un risposta in un senso o nell'altro, ma invito chi avesse dei dubbi a informarsi sul web, dove si trovano alcuni siti che hanno fatto ricerche e test sull'argomento, come per esempio www.pirtadvisor.com.

Tutto questo ci porta ad affrontare la più generica questione della gestione del reclamo.

Il cliente insoddisfatto scrive più spesso di quanto faccia il cliente soddisfatto, creando un passaparola negativo e danneggiando la reputazione della struttura. Nel marketing viene chiamato EFFETTO ALONE.

Quando rispondiamo a una recensione o a un commento negativo, non dobbiamo pensare solo alla persona a cui stiamo replicando. Altri potenziali clienti leggeranno le nostre risposte e baseranno su di esse le loro decisioni di acquisto.

Quindi dobbiamo essere fermi ma cortesi, riconoscere con sincerità dove possiamo e dobbiamo migliorare, approfittare dell'occasione per sottolineare le particolarità della struttura che non possono essere cambiate, ma non scusarci per mancanze che

BARBARA FERRIER – WEB MARKETING TURISTICO

non sono reali.

Alcuni esempi:

- 'L'albergo è lontano dal mare' – Cogliamo l'occasione per segnalare ai gentili clienti che la struttura dista 2 km dal mare, ma esiste un servizio navetta a disposizione;
- 'La pasta era scotta' – Ci dispiace di non averla accontentata, ma la sua segnalazione ci stupisce perché non avevamo mai ricevuto lamentele di questo tipo;
- 'Il personale è stato scortese' – Verificheremo l'accaduto e prenderemo provvedimenti se li giudicheremo necessari.
- 'Ci hanno fatto aspettare una vita per il check-in' – Cogliamo l'occasione per segnalare ai gentili clienti che per motivi organizzativi i check-in si possono effettuare solo a partire dalle h. 15, come specificato anche sul nostro sito.

Anche sugli altri social network può succedere di venire sottoposti ad attacchi che ci sembrano immotivati. La prima cosa da fare è verificare se l'eventuale problema sussiste davvero e nel caso prendere i necessari provvedimenti.

La seconda è rispondere, ma sempre abbassando i toni e senza infiammare gli scontri. La comunicazione non verbale, mancando il confronto con il linguaggio del corpo, rischia di essere più secca e dura del voluto ed è facile far degenerare la discussione, creando sui nostri profili tensioni che danneggiano la nostra immagine.

È persino nata una terminologia specifica per la comunicazione online, in cui si definisce TROLL chi interagisce con altri utenti con messaggi provocatori, irritanti o senza senso con l'obiettivo di far perdere la pazienza all'interlocutore, incoraggiato dalla sensazione di anonimato che generalmente si prova durante la navigazione su internet.

DON'T FEED THE TROLL, non continuare la discussione con chi ti attacca, non rispondere tono su tono ma cerca di conciliare, è il consiglio migliore in questi casi per evitare il FLAME, la guerra online.

SEGRETO n. 5: è importante gestire il reclamo con toni fermi ma gentili e cortesi, senza scusarsi, senza mai perdere la

calma e senza cercare lo scontro.

Infine non dimentichiamoci di raccogliere tutti i suggerimenti validi di quelli che sono i nostri clienti per riconoscere e migliorare i nostri punti deboli.

Come è essenziale ringraziare quelli che ci fanno dei complimenti, ricordandoci di chiamarli per nome per rafforzare il rapporto con loro e magari porgendo loro i saluti delle persone dello staff con cui hanno avuto a che fare.

RIEPILOGO DEL CAPITOLO 2:

- SEGRETO n. 1: per lavorare con i social network servono costanza, impegno e creatività; quindi è meglio non utilizzarli, piuttosto che usarli male o lasciarli vuoti.

- SEGRETO n. 2: bisogna variare i post che vengono pubblicati su Facebook, utilizzando immagini, video, infografiche e link e monitorando quali funzionano meglio.

- SEGRETO n. 3: lo stile della pagina Facebook deve essere informale e alla mano, ironico e leggero ed è consigliato dare del tu.

- SEGRETO n. 4: YouTube può essere un potente canale di comunicazione, soprattutto se si utilizza la tecnica dello storytelling.

- SEGRETO n. 5: è importante gestire il reclamo con toni fermi ma gentili e cortesi, senza scusarsi, senza mai perdere la calma e senza cercare lo scontro.

CAPITOLO 3:

Come aumentare la visibilità del sito

I metodi per aumentare la visibilità del sito si suddividono in due categorie: SEO e SEM.

SEO significa SEARCH ENGINE OPTIMIZATION. Corrisponde a tutte quelle azioni tese a migliorare la visibilità sui motori di ricerca come per esempio Google, Yahoo e Bing.

Quando andiamo sui motori di ricerca e digitiamo delle parole chiave, appare come risultato un elenco di siti internet. Vengono chiamati risultati ORGANICI o SERP (Search Engine Results Page) per differenziarli da quelli a pagamento di cui tratteremo nel prossimo capitolo.

Nel turismo la competizione sui motori di ricerca è molto alta, soprattutto a causa dei portali verticali, quelli che raccolgono al loro interno molte strutture ricettive (tipo Expedia), investono sulla promozione sia online che offline, ricevono molte visite e quindi vedono aumentare continuamente la propria popolarità.

Lavorare sugli elementi che influiscono sulla posizione nella ricerca organica è comunque importante perché anche se oggi è difficile ambire alla prima pagina solo con questi mezzi, essi servono a creare un sito corretto dal punto di vista del web marketing.

I motori di ricerca, nell'elaborazione delle equazioni con cui valutano i siti, cercano di premiare le caratteristiche che poi si traducono in esperienze positive per il navigatore online.

Sono quindi suggerimenti validi per implementare un sito che effettivamente rispecchi le esigenze del visitatore e di conseguenza lo attiri verso la struttura turistica. Inoltre un sito correttamente indicizzato è la base da cui partire per creare tutte le altre attività di promozione a supporto.

La prima regola del SEO è che il contenuto è re, CONTENT IS KING, cioè è la cosa più importante.

Chi entra nel nostro sito sta cercando i contenuti e sono innanzitutto quelli che noi gli dobbiamo dare.

Per prima cosa dobbiamo capire cosa vuole sapere il nostro navigatore. Che informazioni sta cercando? Che esperienza vuole vivere? Dobbiamo cercare di metterci nei suoi panni. Poi dobbiamo offrigli quelle informazioni in modo chiaro e ben organizzato: con immagini fatte bene, testi scritti con cura mettendo in evidenza le parole chiave, titoli che attirino l'attenzione.

I contenuti devono essere originali e non copiati: i motori di ricerca confrontano i testi e premiano gli sforzi di chi ha prodotto elaborati nuovi e unici. Al contrario, vengono penalizzati i siti MIRROR (specchio) che duplicano i contenuti di altri siti.

La visibilità sul web, solo perché rispetto ai classici mezzi di comunicazione di massa è meno costosa, non deve per questo essere trattata come un argomento semplice e a buon mercato: richiede studio e impegno, altrimenti non porta nessun risultato.

SEGRETO n. 1: il contenuto è il re: pensa a quello che il visitatore del tuo sito sta cercando e cerca di offrirglielo in modo chiaro e originale, senza operazioni di copia e incolla.

Un secondo valore importante per il SEO è la FRESCHEZZA. I contenuti devono essere aggiornati spesso; creare un sito e lasciarlo immutato per anni non porta i giusti risultati. Questo è un altro buon motivo per implementare la pagina blog / news.

Il mondo del web si muove velocemente e un sito abbandonato a se stesso invecchierà e sembrerà obsoleto molto in fretta, comunicando sensazioni negative invece di invogliare i visitatori a vedere la struttura. Al contrario, un sito aggiornato e coinvolgente probabilmente verrà visitato più di una volta e comunicherà dinamismo, freschezza e competenza.

All'interno del sito, è essenziale la COERENZA. Nei titoli, nel nome del dominio (l'indirizzo internet del sito, detto URL – Uniform Resource Locator) e nelle parole chiave bisogna riprendere sempre gli stessi contenuti. Queste indicazioni vanno mantenute anche nei META TAG.

I meta tag sono delle descrizioni aggiunte dal webmaster alla pagina HTML del sito. I principali sono tre: il TITLE, che come suggerito dal nome è il titolo breve del sito; la DESCRIPTION, ovvero la descrizione in una frase del contenuto del sito; e le KEYWORDS, semplice elenco di parole chiave.

Quando si effettua una ricerca su Google e appaiono i risultati, vediamo comparire a video proprio il Title e la Description presenti nei meta tag. Quando non ci sono, al posto della descrizione viene mostrato l'inizio del primo testo che appare sul sito.

Le Keywords invece vengono abbinate alle parole digitate dalla persona che sta facendo la ricerca, anche se sembra che i nuovi parametri dei motori di ricerca ne abbiamo ridotto l'importanza.

Naturalmente i motori di ricerca effettuano dei controlli. Se tutti i meta tag parlano di prosciutto e i testi del sito parlano di vino, i contenuti non verranno giudicati coerenti e la visibilità verrà penalizzata. Per questo diventa importante riuscire a focalizzare il proprio obiettivo fin dall'inizio, prima ancora di decidere il nome del dominio dove vivrà il sito, per poi poter creare tutti i contenuti secondo una struttura pianificata e non secondo l'istinto.

Tutte le pagine del sito devono avere il loro nome in ottica SEO. La classica sottopagina, classificata per esempio come www.ilsitodelprosciutto/page/subpage41 non va bene perché spreca tutte le potenzialità contenute nel titolo. Deve invece presentarsi come www.ilsitodelprosciutto/cotto/ricette.

SEGRETO n. 2: il sito deve essere sempre aggiornato con contenuti coerenti al fine di acquisire credibilità, far tornare i visitatori più di una volta e non invecchiare in fretta.

L'ultimo fattore importante nel SEO è la POPOLARITA', che può essere di due tipi:

- numero di persone che accedono al tuo sito e loro comportamento;
- numero e qualità dei link che puntano al tuo sito e che sono chiamati BACKLINK.

Il numero di persone che visitano il tuo sito può essere

incrementato grazie a molte azioni mirate di promozione online che saranno argomento del prossimo capitolo.

Nel momento in cui il visitatore arriva sul sito, diventano importanti altri parametri: quanto tempo si ferma; quante e quali pagine visita; se esegue delle azioni, come per esempio mandare un'email attraverso la pagina 'Contatti' oppure iscriversi alla newsletter.

Tenere sotto controllo questi dati ti aiuterà a capire cosa funziona e cosa va cambiato, nell'ottica di migliorare le performance del sito per far passare sempre più navigatori online dal primo stadio di interazione, la VISITA, al secondo stadio, la CONVERSIONE, ovvero l'azione che l'utente fa in risposta agli inviti che trova sul sito: scrivimi, iscriviti, compra, telefona.

Per avere una panoramica dei dati, Google mette a disposizione uno strumento che si chiama ANALYTICS.

Per iscriversi bisogna avere un indirizzo Gmail, per esempio lo stesso che abbiamo creato per iscriverci a YouTube.

Poi si va su http://www.google.it/intl/it/analytics/ e si clicca in alto sul tasto 'Accedi'. Google ci chiederà dei dati, come per esempio l'indirizzo URL del nostro sito. Poi è possibile che voglia verificare che sia proprio nostro, dandoci una stringa di testo che il nostro webmaster dovrà inserire nella struttura HTML del sito.

Completata la verifica, sempre seguendo passo dopo passo le istruzioni dateci da Google Analytics, dovremo generare un secondo codice personalizzato di TRACKING che il webmaster dovrà andare a posizionare su tutte le pagine del sito web. Questo codice permetterà a Google di rilevare il flusso degli utenti e di elaborare i grafici che metterà poi a nostra disposizione.

Le informazioni che possiamo ricavare sono innumerevoli.

IN TEMPO REALE

In questa sezione possiamo vedere in tempo reale quante persone stanno visitando il sito, quale pagina stanno guardando e in quale località geografica si trovano.

PUBBLICO

In un dato periodo, che si può selezionare in alto a destra, abbiamo accesso a tutta una serie di informazioni:

- SESSIONI: numero di volte in cui qualcuno è entrato sul nostro sito;
- UTENTI UNICI: numero di persone che sono entrate sul sito. Uno stesso utente può accedere più volte, quindi il numero di accessi sarà sempre superiore al numero di utenti unici;
- percentuale di utenti che entrano per la prima volta o al contrario che ritornano;
- località geografica da cui si collegano.

ACQUISIZIONE

In questa sezione possiamo controllare da dove arriva il flusso di visitatori:

- DIRECT: entrano direttamente sul nostro sito quindi si suppone che conoscessero già la URL;
- ORGANIC SEARCH, ricerca organica: chi ha fatto una ricerca sui motori e poi ha cliccato su di un link;
- PAID SEARCH, ricerca a pagamento: chi ha cliccato su di

un link sponsorizzato sui motori di ricerca, argomento che approfondiremo nel prossimo capitolo;

- SOCIAL: chi ha cliccato su di un link all'interno di un social network;

- REFERRAL: altri link che portano al nostro sito, per esempio, dall'interno di una newsletter oppure da siti che rimandano al nostro.

Le informazioni a cui abbiamo accesso sono moltissime e sono la base per la nostra analisi. Solo per fare un esempio: se il tempo di permanenza sul nostro sito è basso, oppure la frequenza di rimbalzo – quando un utente arriva e immediatamente lascia il sito – è alta, allora il sito ha dei problemi (estetici, di contenuti, di navigabilità) che vanno capiti e risolti.

SEGRETO n. 3: dobbiamo utilizzare Google Analytics o analoghi siti di statistiche per monitorare, analizzare e migliorare le prestazioni del sito.

L'ultimo criterio importante per una indicizzazione di base è la presenza dei BACKLINK, ovvero di link che da altri siti rimandano al nostro.

I backlink mostrano ai motori di ricerca quali sono le compagnie che frequenti, i tuoi amici. Di conseguenza possono essere negativi oppure positivi. Se sei collegato ad un sito che gode di una buona popolarità e che parla dei tuoi stessi argomenti, vale come una raccomandazione. Se il link al tuo sito compare in fondo ad una pagina che vende orologi in un'altra lingua, è evidente che l'inserimento è avvenuto per far credere ai motori di ricerca che hai un backlink in più, non per dare un servizio o un'informazione al navigatore, quindi il tuo sito può venire penalizzato.

Il primo backlink da creare avviene con l'iscrizione alla directory di DMOZ. Le directory sono dei database che catalogano i siti web, con tanto di indirizzo, descrizione e link al sito. Differiscono dai motori di ricerca perché ogni segnalazione viene controllata da un redattore in carne e ossa, non da un algoritmo.

Per iscriversi a DMOZ bisogna andare all'indirizzo http://www.dmoz.org/World/Italiano/Regionale/Europa/Italia/.

Comparirà un elenco di categorie, tra cui tutte le regioni d'Italia e il turismo.

Per prima cosa devi capire qual è la categoria a cui appartiene il tuo sito ed entrarci, cliccando sul link. Magari visita più categorie e guarda quali altri siti si sono registrati al loro interno per capire meglio se è quella che fa per te. La scelta è importante perché si può fare solo una volta.

Quando hai scelto e sei sicuro, entra nella categoria che ti rappresenta, clicca in alto su SUGGERISCI URL e segui tutti i passaggi passo dopo passo; sono spiegati in italiano. Ti chiederanno l'indirizzo web del sito per esteso, il titolo e una breve descrizione dei contenuti. Ci vorrà un po' di tempo prima che un redattore controlli e approvi il tuo sito, ma poi questo sarà un potente backlink.

Il secondo backlink che consiglio è la Pagina Azienda gratuita che si può creare su ITALIAONLINE LOCAL e che verrà poi visualizzata su Virgilio, Libero, Corrieredellasera.it e 1254.

Bisogna andare all'indirizzo http://local.italiaonline.it/scheda-gratis.html, cliccare su ISCRIVITI GRATIS e riempire tutti i campi a disposizione. Anche in questo caso è tutto in italiano quindi molto pratico e facile da compilare.

Ti chiederanno i dati dell'azienda, il logo, codice fiscale e numero di carta d'identità del rappresentante dell'azienda, quindi procurati tutti i dati prima di procedere con l'inserimento. Mi raccomando! Bisogna segnalare il link al sito, il numero di telefono, l'indirizzo email e anche eventuali link a pagine social come Facebook.

Altri link in ingresso sono quelli che provengono dai social network. Per questo, oltre che per generare traffico vero e proprio, quando pubblichi qualcosa è bene aggiungere sempre nella parte testuale un link al tuo sito.

Esiste un ultimo potente strumento gratuito che è possibile utilizzare per migliorare la visibilità organica del sito. Serve solo a promuovere una sede fisica vera e propria, quindi è l'ideale per le strutture turistiche. Si tratta di Google MY BUSINESS.

È uno strumento che permette di aggiungere su Google una piccola scheda personalizzata e una mappa con la posizione della struttura turistica.

Quando effettui una ricerca per parole chiave, esce l'elenco dei risultati sulla sinistra; ma quando passi con il mouse sopra uno di essi compare sulla destra una descrizione più dettagliata. Se contiene foto, link al sito e dettagli, allora è stata caricata grazie a My Business.

Per prima cosa devi andare su www.google.it/business ed accedere con il solito indirizzo Gmail che abbiamo creato per YouTube e Google Analytics.

Ancora una volta dovrai riempire tutta una serie di campi e dare i dati dell'azienda, incluso l'indirizzo fisico vero e proprio che servirà per segnare la posizione sulla cartina.

È possibile aggiungere delle foto e un video di presentazione dell'attività. Si tratta di una ulteriore occasione di promozione, quindi bisogna scegliere delle belle immagini e girare un breve video, anche con la macchinetta fotografica non professionale, che faccia una panoramica della struttura, dell'ambiente, dei piatti tipici o comunque di quello che potrebbe stimolare la curiosità dell'utente.

Anche in questo caso, ricordati di scrivere la URL del tuo sito nel campo apposito per creare un ulteriore backlink.

Una volta terminato l'inserimento Google ti manderà una cartolina all'indirizzo fisico dell'azienda, con sopra un codice di riconoscimento.

Dopo aver ricevuto la cartolina, dovrai rientrare su www.google.it/business e inserire il codice di verifica nell'apposito campo. In questo modo confermerai la reale esistenza della tua attività e Google procederà alla creazione della tua scheda personalizzata con mappa.

La posizione della tua azienda comparirà sia sui risultati di ricerca di Google che su Google Maps.

SEGRETO n. 4: la popolarità del sito può essere migliorata grazie alla creazione di backlink su DMOZ e Italiaonline e con l'utilizzo di Google My Business.

Le tecniche di SEO per l'indicizzazione organica di un sito sono un argomento molto vasto e in continua evoluzione. Questo capitolo intende solo fornire le indispensabili basi da cui cominciare e alcuni validi strumenti (come Google Analytics) per tenere monitorate le performance del tuo sito web.

RIEPILOGO DEL CAPITOLO 3:

- SEGRETO n. 1: il contenuto è il re: pensa a quello che il visitatore del tuo sito sta cercando e cerca di offrirglielo in modo chiaro e originale, senza operazioni di copia e incolla.
- SEGRETO n. 2: il sito deve essere sempre aggiornato con contenuti coerenti al fine di acquisire credibilità, far tornare i visitatori più di una volta e non invecchiare in fretta.
- SEGRETO n. 3: dobbiamo utilizzare Google Analytics o analoghi siti di statistiche per monitorare, analizzare e migliorare le prestazioni del sito.
- SEGRETO n. 4: la popolarità del sito può essere migliorata grazie alla creazione di backlink su DMOZ e Italiaonline e con l'utilizzo di Google My Business.

CAPITOLO 4:

Come promuoversi online

Per promuoversi online esistono portali specializzati e i canali classici del SEM: il SEARCH ENGINE MARKETING, ovvero tutte quelle attività a pagamento che portano traffico verso il tuo sito web.

L'attività più utilizzata e che io stessa ho implementato in vari settori con ottimi risultati è Google ADWORDS.

Quando si effettua una ricerca con Google, oltre ai normali risultati organici di ricerca, vediamo comparire alcuni annunci in alto e sulla destra, caratterizzati dalla sigla Ann. oppure Annunci su sfondo arancione. Sono annunci sponsorizzati, cioè a pagamento.

Vediamo meglio come funziona. Utilizzando AdWords è possibile creare degli annunci e abbinarli a delle parole chiave ben definite. Quando un utente cercherà delle parole che corrispondono a quelle che abbiamo selezionato come parole chiave, il nostro annuncio comparirà sulla pagina dei risultati di ricerca, in alto oppure sulla destra.

Se l'utente cliccherà sull'annuncio, arrivando quindi al nostro sito web, allora Google ci addebiterà il costo del click. È un metodo legato alla performance che va sotto il nome di PPC, cioè PAY PER CLICK, paghi per ogni click.

Per prima cosa dobbiamo studiare la concorrenza e avere chiaro il nostro messaggio, il vantaggio competitivo che vogliamo trasmettere e le parole chiave che potrebbero essere utilizzate nella ricerca.

Per l'analisi della concorrenza non c'è niente di meglio che passare qualche ora su internet e guardarsi quello che fanno e propongono gli altri, appuntandosi sia le cose fatte bene (per trarne ispirazione) che quelle fatte male (per non ripetere gli stessi errori).

Per iscriversi a Google AdWords bisogna andare su www.google.it/AdWords e cliccare su INIZIA per seguire il percorso guidato di Google in italiano. Sarà necessario utilizzare un account Gmail, come abbiamo già visto per altri servizi.

Google AdWords si struttura in CAMPAGNE, GRUPPI DI ANNUNCI e ANNUNCI.

La Campagna definisce il budget, che si imposta come cifra massima giornaliera, e la zona geografica di pubblicazione degli annunci. Significa che una promozione può essere resa visibile a tutta Europa, tutta Italia o solo a chi si collega dalla provincia di Milano, a seconda di quelli che decidiamo essere i nostri obiettivi. Per esempio, potremmo chiamare una campagna: Promozione Italia.

I gruppi di annunci definiscono le parole chiave che vogliamo utilizzare. Per esempio, potremmo creare un gruppo di annunci dal nome: Pasqua 2018.

Per un'analisi e dei suggerimenti per le parole chiave esiste uno strumento che si chiama Keyword Planner ed è fornito proprio da Google AdWords, cliccando in alto a destra su Strumenti.

All'interno del gruppo di annunci, andiamo a creare i singoli annunci che corrispondono ai testi che effettivamente compariranno al navigatore online nel corso della ricerca.

Suggerisco di creare molti annunci simili, che si differenziano l'uno dall'altro per piccole cose, per prenderci la mano e per riuscire a capire cosa funziona meglio e cosa peggio. Google misura il rendimento degli annunci e dà maggiore visibilità a quelli che ottengono maggiori risultati.

L'annuncio si compone di elementi ben precisi:
- un titolo di 25 caratteri al massimo, in cui è buona norma utilizzare le stesse parole chiave della ricerca;
- il link al tuo sito;
- due righe descrittive, di 35 caratteri l'una, che devono contenere il messaggio, l'offerta (se c'è) e l'invito all'azione.

La stesura dell'annuncio è fondamentale perché è quello che catturerà l'attenzione del navigatore, convincendolo a cliccare sul link. Se hai un vantaggio competitivo, un'offerta speciale, uno sconto, un punto di forza di qualunque genere, mettilo in evidenza! Servirà a distinguerti e ad attirare il click.

Tutti i rendimenti di ogni singolo annuncio o parola chiave vengono messi a disposizione da AdWords per poter affinare la comunicazione e migliorare i rendimenti.

In ogni momento è infatti possibile aggiungere o togliere parole chiave, sospendere o riattivare una campagna, un gruppo di annunci o un singolo annuncio, oppure cambiare il budget di una campagna.

L'addebito dei costi avviene una volta al mese oppure al raggiungimento di una cifra specifica, di solito 300 €. La fattura viene emessa mensilmente e va scaricata dal proprio profilo.

Io consiglio di leggere con attenzione la Guida fornita da Google AdWords sul proprio sito, che è molto completa e facile da comprendere.

SEGRETO n. 1: Google AdWords è uno strumento potente di promozione online che consente di fare pubblicità mirata pagando solo i click realmente ottenuti.

Un altro strumento di comunicazione a pagamento che sta facendo grandi passi avanti in termini di rendimenti è quello rappresentato dagli annunci sponsorizzati su Facebook.

Come abbiamo visto nei capitoli precedenti, la massiccia presenza di pagine aziendali su Facebook e l'aumento graduale ma costante degli utenti con profilo personale ha ridotto lo spazio per la visibilità organica dei post. Una pagina aziendale che pubblica regolarmente riuscirà a raggiungere solo una piccola percentuale dei suoi fan. C'è modo però di inserire annunci sponsorizzati, potenzialmente con buoni risultati.

Le modalità di promozione possono essere molte e mi limito a segnalare quelle principali:

- raccolta di Mi Piace. Si tratta di post che hanno la finalità di raccogliere il maggior numero possibile di Mi Piace sulla pagina e mostrano l'apposito tasto di call to action;

- sponsorizzazione di un post in particolare. Servono a far visualizzare ad un determinato pubblico un post in particolare, pubblicato sulla Pagina. Portano traffico alla pagina Facebook;

- Promozione del sito web. Sono inserzioni con link al sito web e servono appunto a portare traffico al sito. Recentemente è stata aggiunta la possibilità di completare l'annuncio con tasti call to action come ACQUISTA ORA oppure PRENOTA SUBITO.

Le promozioni possono essere attivate dalla sezione www.facebook.com/Ads. Esiste anche una procedura guidata che spiega come muoversi passo dopo passo all'indirizzo https://www.facebook.com/business. Dopo la prima attivazione, comparirà sulla propria bacheca, sul menù a sinistra, un link 'Gestione inserzioni' che serve ad accedere alla pagina di monitoraggio e gestione degli annunci.

Il bello delle inserzioni su Facebook è che è possibile scegliere i destinatari del messaggio con molta precisione. Si possono selezionare l'area geografica, l'età e gli interessi del pubblico di riferimento. È possibile impostare un budget giornaliero ben preciso con una data di inizio e di fine della campagna promozionale.

Il costo della campagna viene addebitato in base al numero di IMPRESSION, ovvero visualizzazioni, combinato al numero di click che l'annuncio riceve. Esistono poi impostazioni avanzate che permettono di impostare la campagna come PPC, pay per click puro, ma l'efficacia andrebbe valutata caso per caso.

È sempre una buona idea controllare periodicamente gli Insights cioè la pagina che contiene tutti i dati e gli andamenti della pagina promozionale, unitamente alla Gestione Inserzioni.

SEGRETO n. 2: possiamo utilizzare gli annunci sponsorizzati di Facebook per promuovere sia la nostra pagina che il nostro sito.

Il settore turistico può contare anche su altri strumenti specifici di promozione online. Uno è il canale delle OTA, le ONLINE TRAVEL AGENCY, come per esempio www.booking.com oppure www.expedia.com. Sono grandi contenitori che racchiudono le offerte ricettive relative a molti alberghi, che quindi si ritrovano in competizione tra di loro all'interno di uno stesso sito.

Da un lato, offrono il vantaggio di portare molte prenotazioni perché godono di una grande visibilità e di un altissimo flusso di visitatori. Dall'altro, spostano spesso l'attenzione dal prodotto al prezzo e richiedono il pagamento di un costo per il servizio di intermediazione.

Abbiamo visto all'inizio che il 49% dei viaggiatori consulta le OTA. Sempre più spesso, i navigatori più esperti cercano anche il sito dell'albergo e provano a prenotare direttamente, quindi questo è un canale da non sottovalutare.

Generalmente le OTA lavorano a provvigione sul venduto e non chiedono una tariffa fissa per la presenza online. Le modalità di incasso possono essere due: l'albergo incassa dal cliente quando arriva presso la struttura e poi riconosce alla OTA la sua quota provvigionale (di solito, con Booking funziona così); oppure, la OTA incassa l'intero importo dal cliente e poi riconosce all'albergo la sua quota (è il caso di Expedia).

L'importo della provvigione è variabile e viene concordato caso per caso, ma generalmente oscilla tra il 15 e il 25%.

Le OTA forniscono un accesso online dedicato da cui ogni albergo può gestire il proprio profilo: testi, foto, numero di camere disponibili, servizi, prezzo al pubblico. Anche in questo caso è indispensabile curare con attenzione la propria immagine, utilizzando immagini accattivanti e descrizioni veritiere.

Il segreto per far funzionare questi canali è un costante monitoraggio dei risultati sulla base delle disponibilità e della stagionalità. Per esempio, durante la bassa stagione, possiamo aumentare l'ALLOTMENT, il numero di camere disponibili e abbassare il prezzo al pubblico. Al contrario, in periodi di alto afflusso di clienti diretti, dobbiamo diminuire il numero di stanze in vendita sulle OTA.

Per stipulare contratti con queste agenzie è sufficiente andare sui loro siti. In fondo alla homepage c'è sempre un tasto del tipo AGGIUNGI LA TUA STRUTTURA oppure AGGIUNGI IL TUO HOTEL che permette di procedere con l'affiliazione al programma.

Ci sono anche realtà come www.trivago.it, che raccoglie i dati dagli altri siti e li confronta. Non è necessaria alcuna iscrizione per essere presenti anche lì.

Per gli affittacamere e per i privati, un sito che si sta rapidamente affermando e che lavora su provvigione è www.airbnb.com. Tutto il processo di iscrizione avviene online, con caricamento di immagini e di testi.

Consiglio di caricare anche una descrizione in inglese perché questo sito, nato negli Stati Uniti, è popolare soprattutto nei paesi anglosassoni. Si differenzia dagli altri perché cerca di proporre anche soluzioni originali di pernottamento: castelli, barche ormeggiate nel porto, case sugli alberi. Si adatta bene a peculiari sistemazioni italiane come trulli, sassi di Matera, baite o masi.

Ci sono infine moltissimi siti, dedicati soprattutto agli agriturismi, dove è possibile inserire la propria struttura senza bisogno di pagare provvigioni o altro. Siccome questi siti cambiano spesso e possono differire molto da regione e regione, consiglio di fare una ricerca online e di verificare quali proposte ci possano essere sul proprio territorio.

SEGRETO n. 3: per lavorare bene con i portali come Booking ed Expedia, dobbiamo gestire prezzi e disponibilità a seconda della stagionalità.

Un fenomeno molto di moda, che riguarda tutte le tipologie di attività turistica, è quello legato alla vendita dei coupon online. Questi coupon hanno la caratteristica di essere venduti a prezzi molto scontati rispetto al normale prezzo di listino.

È un canale che va valutato con la massima attenzione. Può portare un grandissimo flusso di pubblico ma con margini di guadagno ridottissimi o inesistenti, quindi deve essere utilizzato come veicolo promozionale e non come fonte principale di introito, altrimenti si corre il rischio di non riuscire a coprire i costi di gestione.

Come prima cosa, si conclude un contratto con il gruppo d'acquisto che si occupa della vendita online dei coupon. In Italia i più conosciuti sono Groupon (www.groupon.it) e Groupalia (www.groupalia.it), mentre all'estero ha una buona visibilità Travel24/U-deals (www.travel24.com), che vende principalmente in Germania e Olanda. Moltissimi altri piccoli siti affollano il panorama della vendita di coupon.

Per contattare i gruppi d'acquisto consiglio di compilare l'apposita richiesta, sempre presente sul sito nella parte in basso della pagina come 'PUBBLICA UN DEAL' / 'DIVENTA NOSTRO PARTNER' e poi telefonare al Call Center per parlare con un operatore. È infatti più facile essere presi in considerazione quando l'operatore ha già l'email di richiesta a portata di mano.

Il prodotto o servizio che viene messo in vendita viene comunicato come un acquisto di valore che in via eccezionale viene offerto a prezzo basso. Quindi l'acquirente si aspetterà di essere trattato come se avesse acquistato a prezzo pieno.

Di solito i coupon sono soggetti a condizioni e restrizioni ben precise, che bisogna valutare e decidere in anticipo per evitare di andare incontro a contestazioni. Il periodo di validità, eventuali giorni che potrebbero essere esclusi, la possibilità di cancellare oppure spostare una prenotazione, tutto deve essere chiaramente indicato nel pacchetto. Uno dei problemi che le strutture affrontano in fase di utilizzo dei coupon è proprio l'alta percentuale di cancellazioni con poco o nessun preavviso.

Il gruppo d'acquisto (Groupon, Groupalia, Travel24) incassa l'intero importo di tutti i coupon venduti, poi riconosce alla struttura la sua quota ed effettua il pagamento.

Per dimostrare di aver effettuato il servizio la struttura deve riscattare i coupon, cioè comunicare al gruppo d'acquisto il codice di sicurezza o di verifica presente sui coupon. Di solito esiste un'apposita pagina di gestione online, dove inserire il codice e riscattare o bruciare il coupon.

L'incasso relativo ai coupon venduti ma non utilizzati viene normalmente trattenuto dal gruppo d'acquisto, quindi verrà riconosciuta alla struttura solo la quota percentuale di sua competenza sui coupon riscattati.

Le modalità di pagamento e le percentuali delle provvigioni possono variare da struttura a struttura e devono essere concordate individualmente.

Comunque in linea di massima le provvigioni trattenute dal gruppo d'acquisto vanno dal 25% al 50% (se la fatturazione è in Italia, più IVA) a seconda della tipologia di prodotto o servizio, della località e di altri parametri.

Non appena la promozione sarà online, con ogni probabilità arriveranno moltissime telefonate. Ricordatevi di formare la persona che risponderà al telefono, che deve essere preparata e conoscere a menadito tutti i dettagli dell'offerta. Consiglio di limitare l'uso del telefono alle informazioni e di prendere le prenotazioni tramite email, per evitare fraintendimenti e contestazioni.

Per quanto riguarda i coupon relativi a cene in ristoranti e pizzerie, Groupon mette a disposizione un servizio di prenotazione online grazie a un accordo con la piattaforma Mytable.

Il locale indica i posti disponibili, gli orari, i giorni di apertura e di chiusura. L'acquirente prenota online, inserendo direttamente tutti i dati del coupon. Le prenotazioni si chiudono 24 ore prima del servizio.

Il ristoratore riceve ogni giorno una email con il dettaglio delle prenotazioni, oppure entra su Mytable e controlla il calendario.

Con cadenza regolare, per esempio una volta alla settimana, bisogna ricordarsi di riscattare i coupon utilizzati, già correttamente registrati online dai clienti, per acquisire il diritto al pagamento. Accanto ad ogni coupon riscattabile c'è un tasto che permette di incassarlo.

In generale, il grande afflusso di persone con coupon porterà anche a un incremento delle recensioni online. Monitorate costantemente Tripadvisor e rispondete con velocità, cortesia e fermezza a tutti i commenti degli utenti. Chiedete ai clienti che sono rimasti soddisfatti di pubblicarvi una recensione.

I clienti che utilizzano i coupon generalmente non ritornano una seconda volta nello stesso posto, perché il loro atteggiamento è quello di cogliere l'offerta, non il servizio.

Potete però cercare di incentivarli il più possibile al riacquisto oppure a innescare un passaparola positivo: offrite loro dei buoni sconto per il prossimo soggiorno o per la prossima cena oppure chiedete loro un indirizzo email per inserirli nella vostra newsletter.

SEGRETO n. 4: i canali per la vendita di coupon online vanno utilizzati per la promozione e per l'integrazione dei flussi di presenze, non come fonte principale di clientela.

Quale che sia il canale di vendita che hai scelto per la tua struttura, la parola chiave per riuscire a chiudere le prenotazioni via web è la velocità. I potenziali clienti si aspettano di ricevere risposte immediate alle loro email.

Quindi per battere la concorrenza devi tenere la posta elettronica sempre aperta e rispondere tempestivamente a tutte le richieste di informazioni, preventivi e prenotazioni che riceverai, perché in questo caso è vero il vecchio detto: chi primo arriva, meglio alloggia!

RIEPILOGO DEL CAPITOLO 4:

- SEGRETO n. 1: Google AdWords è uno strumento potente di promozione online che consente di fare pubblicità mirata pagando solo i click realmente ottenuti.

- SEGRETO n. 2: possiamo utilizzare gli annunci sponsorizzati di Facebook per promuovere sia la nostra pagina che il nostro sito.

- SEGRETO n. 3: per lavorare bene con i portali come Booking ed Expedia, dobbiamo gestire prezzi e disponibilità a seconda della stagionalità.

- SEGRETO n. 4: i canali per la vendita di coupon online vanno utilizzati per la promozione e per l'integrazione dei flussi di presenze, non come fonte principale di clientela.

Conclusione

Il mondo del turismo si evolve in fretta ed è caratterizzato da una competizione sempre più forte.

Per essere al passo con i tempi bisogna essere informati, veloci, reattivi e sempre presenti per cogliere le nuove opportunità e i nuovi canali di comunicazione e di vendita.

Abbiamo visto che puoi ottenere tutto questo dedicandoti alle principali attività del web marketing turistico:

- crea un sito attraente, ricco di contenuti e di immagini, facile da navigare, sempre aggiornato e accessibile da cellulare;
- costruisci la tua immagine anche sui social network, con pazienza, costanza e creatività;
- dedica il tuo tempo a gestire con cortesia e fermezza le recensioni che vengono fatte online;
- iscriviti a Google My Business per comparire su Google Maps;

- promuoviti con le campagne di promozione online di AdWords e Facebook;
- iscriviti a siti OTA come Booking ed Expedia e aggiorna costantemente prezzi e disponibilità sulla base delle tue esigenze;
- utilizza anche i siti di Couponing ma scegliendo con attenzione tempi e modi perché portano alto flusso di clientela con basso margine di guadagno.

La strategia e la pianificazione a lungo termine vanno affiancate al controllo quotidiano delle prestazioni e all'affinamento degli strumenti.

Le attività online hanno il grande vantaggio di poter essere costantemente monitorate: quindi devi consultare i dati, riflettere, provare nuove strade per investire sulle azioni e sui canali che rendono meglio.

Non esiste una ricetta che vada bene per tutte le strutture, per questo le attività di web marketing vanno valutate alla luce dei risultati che portano per poi pianificare adeguatamente gli investimenti di tempo e risorse.

Infine, tutto quello che costruisci online deve trovare riscontro anche nella tua attività nel mondo 'reale', quindi non dimenticare di mantenere tutte le tue promesse, offrendo al tuo cliente attenzione, servizi ed esperienze.

In questo modo si attiverà il passaparola positivo e comincerà un processo di fidelizzazione che potrà portare al riacquisto del tuo prodotto.

Impegno costante e determinazione sono gli ingredienti che vanno sempre aggiunti alle competenze acquisite per poter ottenere dei risultati validi e... soddisfacenti!

www.ingramcontent.com/pod-product-compliance
Lightning Source LLC
Chambersburg PA
CBHW071609200326
41519CB00021BB/6931